Ld 44. 408.
   A.

EXPOSÉ

DE LA SITUATION

DE

L'EMPIRE FRANÇAIS.

EXTRAIT DES REGISTRES

DE LA

SECRÉTAIRERIE D'ÉTAT.

Au Palais des Tuileries, le 10 Nivôse an XIII.

NAPOLÉON, EMPEREUR DES FRANÇAIS, Nous avons nommé et nommons MM. CHAMPAGNY, Ministre de l'intérieur, REGNAUD et LACUÉE,

Conseillers d'état, pour se rendre au Corps législatif le 10 Nivôse, et y faire l'exposition de la situation de l'Empire.

Signé NAPOLÉON.

Par l'Empereur :

Le Secrétaire d'état, *signé* Hugues B. Maret.

EXPOSÉ

DE LA

SITUATION

DE L'EMPIRE FRANÇAIS.

Paris, le 10 Nivôse an XIII.

LA situation intérieure de la France est aujourd'hui ce qu'elle fut dans les temps les plus calmes : point de mouvement qui puisse alarmer la tranquillité publique, point de délit qui appartienne au souvenir de la révolution ; par-tout des entreprises utiles, par-tout l'amélioration des propriétés publiques et privées, attestent les progrès de la confiance et de la sécurité.

 Le levain des opinions n'aigrit plus les esprits ; le sentiment de l'intérêt général, les principes de l'ordre social, mieux connus et plus épurés, ont attaché tous les cœurs à la prospérité commune. C'est ce que proclament tous les administrateurs ; c'est ce qu'a reconnu l'EMPEREUR, dans tous les départemens qu'il a parcourus ; c'est ce qui vient d'être démontré de la manière la plus éclatante.

Toutes les armées se sont vues à-la-fois séparées de leurs généraux ; tous les corps militaires, de leurs chefs ; les tribunaux supérieurs privés de leurs premiers magistrats ; le ministère public, de ses premiers organes ; les églises, de leurs principaux pasteurs ; les villes, les campagnes, délaissées simultanément par tout ce qui a du pouvoir et de l'influence sur les esprits ; le peuple, par-tout abandonné à son génie ; et le peuple, par-tout, s'est montré voulant l'ordre et des lois.

Dans le même moment, le SOUVERAIN PONTIFE traversait la France. Des rives du Pô jusqu'aux bords de la Seine, par-tout il a été l'objet d'un hommage religieux que lui a rendu avec amour et respect cette immense majorité qui, fidèle à l'antique doctrine, voit un père commun et le centre de la commune croyance dans celui que toute l'Europe révère comme un souverain élevé au trône par sa piété et ses vertus.

Une trame ourdie par un gouvernement implacable allait replonger la France dans l'abîme des guerres civiles et de l'anarchie. A la découverte de cette horrible trame, la France entière s'est émue ; des inquiétudes mal assoupies se sont réveillées ; et dans tous les esprits à-la-fois se sont retrouvés des principes qui ont été ceux de tous les sages, et qui furent constamment les nôtres, avant que l'erreur et la faiblesse eussent aliéné les esprits, et que de coupables intrigues eussent égaré les opinions.

On avait éprouvé que le pouvoir partagé était sans accord et sans force ; on avait senti que, confié pour un temps, il n'était que précaire, et ne permettait ni les longs travaux, ni les longues pensées ; que, confié pour la vie d'un seul homme, il s'affaiblissait avec lui, et ne laissait après lui que des chances de discorde et d'anarchie ; on a reconnu enfin qu'il n'y avait, pour les grandes nations, de salut que dans le pouvoir héréditaire ; que seul il assurait leur vie politique, et embrassait, dans sa durée, les générations et les siècles.

Le Sénat a été, comme il devait l'être, l'organe de l'inquiétude commune. Bientôt a éclaté ce vœu d'hérédité qui était dans tous les cœurs vraiment français ; il a été proclamé par les colléges électoraux, par les armées. Le Conseil d'état, des magistrats, les hommes les plus éclairés, ont été consultés, et leur réponse a été unanime.

La nécessité du pouvoir héréditaire dans un État aussi vaste que la France, avait été depuis long-temps aperçue par le premier Consul. Vainement il avait résisté à la force des principes ; vainement il avait tenté d'établir un système d'élection qui pût perpétuer l'autorité et la transmettre sans danger et sans trouble.

L'inquiétude publique, les espérances de nos ennemis, accusaient son ouvrage; sa mort devait être la ruine de ses travaux. C'était à ce terme que nous attendaient la jalousie de l'étranger, et l'esprit de discorde et d'anarchie. La raison, le sentiment, l'expérience, disaient également à tous les Français qu'il n'y avait de transmission certaine du pouvoir que celle qui s'opérait sans intervalle; qu'il n'y avait de succession tranquille que celle qui était réglée par les lois de la nature.

Lorsque de tels motifs appuyaient des vœux aussi pressans, la détermination du premier Consul ne pouvait être douteuse. Il résolut donc d'accepter pour lui, et pour deux de ses frères après lui, le fardeau que lui imposait la nécessité des circonstances.

De ses méditations mûries par des conférences avec les membres du Sénat, par des discussions dans les conseils, par les observations des hommes les plus sages, s'est formée une série de dispositions qui fixe l'hérédité du trône impérial;

Qui assigne aux princes leurs droits et leurs devoirs;

Qui promet à l'héritier de l'Empire une éducation réglée par les lois, et telle qu'il sera digne de ses hautes destinées;

Qui désigne ceux qui, dans le cas de minorité,

seront appelés à la régence, et marque les limites de leur pouvoir;

Qui place entre le trône et les citoyens, des dignités et des offices accessibles à tous, encouragemens et récompenses des vertus publiques;

Qui donne aux hommes honorés de grandes distinctions, ou revêtus d'une grande autorité, des juges assez grands pour ne fléchir ni devant leur autorité, ni devant leurs distinctions;

Qui donne aux délits contre la sûreté publique et les intérêts de l'Empire, des juges essentiellement attachés à la sûreté de l'Empire et à ses intérêts;

Qui met plus d'éclat et plus de poids dans les fonctions du législateur, plus de développement et plus d'étendue dans la discussion publique des lois;

Qui rappelle les tribunaux et leurs jugemens à ces antiques dénominations qui avaient obtenu le respect des siècles;

Qui garantit, enfin, les droits du prince et du peuple, par des sermens gardiens éternels de tous les intérêts.

Ces dispositions ont été décrétées par le sénatus-consulte du 28 floréal dernier. Le peuple français a manifesté sa volonté libre et indépendante; il a voulu l'hérédité de la dignité impériale dans la descendance directe, légitime et adoptive de

Napoléon Bonaparte, dans la descendance directe et légitime de Joseph Bonaparte, dans la descendance directe et légitime de Louis Bonaparte.

Dès ce moment, Napoléon a été, au plus juste des titres, Empereur des Français; nul autre acte n'était nécessaire pour constater ses droits et consacrer son autorité.

Mais il a voulu rendre à la France ses formes antiques, rappeler parmi nous ces institutions que la divinité semble avoir inspirées, et imprimer au commencement de son règne le sceau de la religion même. Pour donner aux Français une preuve éclatante de sa tendresse paternelle, le chef de l'église a voulu prêter son ministère à cette auguste cérémonie.

Quelles impressions profondes et durables elle a laissées dans l'ame de l'Empereur et dans le souvenir de la nation! quels entretiens pour les races futures! quel sujet d'amiration pour l'Europe!

Napoléon prosterné au pied des autels qu'il vient de relever; le Souverain Pontife, implorant sur la France et sur lui les bénédictions célestes, et, dans ses vœux pour la félicité d'une nation, embrassant la félicité de toutes les nations;

Des pasteurs et des prêtres, naguère divisés,

unissant à ses supplications leur reconnaissance et leur voix;

Les sénateurs, les législateurs, les tribuns, des magistrats, des guerriers, les administrateurs du peuple, et ceux qui président à ses assemblées, confondant ensemble leurs opinions, leurs espérances et leurs vœux; des souverains, des princes, des ambassadeurs, frappés par ce grand spectacle de la France rassise sur ses anciens fondemens, et, par son repos, assurant le repos de leur patrie;

Au milieu de cette pompe, et sous les regards de l'Éternel, NAPOLÉON prononçant le serment immuable qui assure l'intégrité de l'Empire, la stabilité des propriétés, la perpétuité des institutions, le respect des lois et le bonheur de la nation.

Le serment de NAPOLÉON sera à jamais la terreur des ennemis et l'égide des Français. Si nos frontières sont attaquées, il sera répété à la tête de nos armées, et nos frontières ne craindront plus l'invasion étrangère.

Il sera présent à la mémoire des délégués de l'autorité; il leur rappellera le but de leurs travaux et la règle de leurs devoirs; et s'il ne garantit pas leur administration de quelques erreurs, il en assurera la prompte réparation.

Les principes qu'il consacre seront ceux de notre législation. Désormais, moins de lois nouvelles seront proposées aux délibérations du Corps législatif. Le Code civil a rempli l'attente publique ; il est dans la mémoire des citoyens ; il éclaire leur marche et leurs transactions, et par-tout il est célébré comme un bienfait.

Un projet de code criminel, achevé depuis deux ans, a été soumis à la censure des tribunaux, et subit en ce moment les dernières discussions du Conseil d'état.

Le code de la procédure et le code du commerce en sont encore où les avaient laissés les travaux de l'année précédente. Des soins plus pressans ont appelé l'EMPEREUR ; et il est dans ses maximes de ne proposer aux délibérations des législateurs, que des projets de lois mûris par de longues et sages discussions.

Les écoles de législation vont s'ouvrir ; des inspecteurs sont nommés, qui en éclaireront l'enseignement, et empêcheront qu'il ne dégénère en vaines et stériles épreuves. Les lycées, les écoles secondaires, se remplissent d'une jeunesse avide d'instruction. De Fontainebleau est déjà sortie une milice qui marque dans nos armées par sa tenue, par ses connaissances, par son respect pour la discipline.

L'école polytechnique peuple de sujets utiles nos arsenaux, nos ports et nos ateliers.

A Compiègne, l'école des arts et métiers obtient tous les jours de nouveaux succès ; celle qui se forme sur les limites de la Vendée, y est attendue avec impatience, et bientôt y sera en pleine activité.

Des prix ont été décernés aux sciences, aux lettres et aux arts; et dans une période de dix ans, assignée aux travaux que SA MAJESTÉ veut récompenser, elle a droit d'attendre que le génie français enfantera des chefs-d'œuvre.

Dans le département des ponts et chaussées, les ouvrages commencés ont été suivis avec constance; d'autres sont médités; et chaque année prépare aux années suivantes de nouveaux projets pour la prospérité de l'État. Mais l'intempérie des saisons a trompé la prévoyance et le zèle de l'administration; des pluies, des torrens, ont dégradé les routes avec plus de rapidité qu'on n'a pu en mettre à réparer leurs ravages ; quelques travaux ont été détruits, d'autres ont été un moment suspendus. De grandes calamités ont affligé quelques départemens, et sur-tout celui de Rhin-et-Moselle. Un préfet, judicieux interprète des intentions de l'EMPEREUR, a porté les premiers secours aux malheureux qui en ont été les victimes. SA MAJESTÉ a relevé leur courage par sa présence, et les a consolés par ses bienfaits.

Le fléau de la contagion affligeait des contrées voisines ; la vigilance de l'administration en a préservé notre territoire ; il s'apaise dans les lieux où il exerçait ses ravages. En maintenant les mesures que commandent encore la prudence et l'intérêt de la santé publique, on préviendra l'invasion du mal, sans interrompre les communications nécessaires à l'aliment de notre commerce et de nos manufactures.

Au centre de la Vendée s'élève une nouvelle ville destinée à être le siége de l'administration. De là elle portera sur tous les points une surveillance active et sûre ; de là les lumières et les principes se propageront dans tout ce département, où l'ignorance et le défaut d'information a livré si souvent des ames simples et honnêtes aux intrigues de la malveillance.

Des décrets de l'EMPEREUR ont rappelé le commerce sur la rive gauche du Rhin, et donné à Mayence et à Cologne tous les avantages des entrepôts réels, sans les dangers des versemens frauduleux dans l'intérieur de la France.

Nos manufactures se perfectionnent ; et tandis que, dans de vaines déclamations, les mercenaires soudoyés par le gouvernement britannique vantent ses ressources lointaines et ses ressources précaires dispersées sur les mers et dans les Indes ;

tandis qu'ils peignent nos ateliers déserts et nos ouvriers mourant de misère, notre industrie étend ses racines sur notre propre sol, repousse l'industrie anglaise loin de nos frontières, est parvenue à l'égaler dans ce qui faisait sa gloire et ses succès, la perfection de ses machines, et s'apprête à lui disputer des consommateurs dans tous les lieux où elle pourra la rencontrer et l'atteindre.

Notre manufacture première, l'agriculture, s'agrandit et s'éclaire : un système d'exportations, tellement combiné qu'il s'ouvre ou se ferme au gré de nos besoins, assure au cultivateur le prix de son travail, et l'abondance à nos marchés.

De nouveaux encouragemens préparent l'amélioration de la race de nos chevaux; nos laines se perfectionnent; nos campagnes se couvrent de bestiaux, et, sur tous les points de l'Empire, se multiplient ses véritables richesses.

Avec la richesse, la sécurité renaissante a donné un plus libre essor à l'active bienfaisance : excitée par la religion et par le souvenir de nos malheurs, celle-ci ne se borne plus à des charités du moment; elle embrasse l'avenir, et confie ses trésors au Gouvernement, qui lui en garantit un emploi conforme à ses vœux. Jamais tant de legs, de donations pieuses, n'ont été faits en faveur des hospices et des établissemens de bienfaisance.

Quelques-unes de ces institutions ont été créées ou rétablies par de simples particuliers : jamais l'humanité souffrante n'a trouvé plus d'amis, ni l'indigence plus de secours ; ils sont distribués avec autant de lumières que de zèle ; et les hospices de Paris, dirigés avec une intelligence qui multiplie les soins en économisant les fonds, soulagent tous les besoins, guérissent beaucoup de maux, et ne sont plus ces asiles meurtriers qui dévoraient leur nombreuse et misérable population. Aussi le nombre des indigens de la capitale est-il de 32,000 au-dessous de ce qu'il était en 1791, et de 25,000 de ce qu'il était en l'an 10.

La religion a repris son empire ; elle ne l'exerce que pour le bien de l'humanité ; une sage tolérance l'accompagne ; et les ministres des différens cultes qui adorent le même Dieu, s'honorent par les témoignages d'un respect réciproque, et ne veulent plus connaître d'autre rivalité que celle des vertus.

Telle est notre position au-dedans. Au-dehors, le courage français, secondé par la loyauté espagnole, nous conserve Santo-Domingo ; la Martinique brave les menaces des ennemis, et sous un Gouvernement paternel, se rétablissent, plus durables et plus forts, les liens qui l'attachaient à la mère patrie.

La Guadeloupe s'est enrichie des dépouilles du commerce britannique, et la Guiane prospère toujours sous une active et vigoureuse administration.

Les îles de France et de la Réunion seraient aujourd'hui le dépôt des richesses de l'Asie; Londres serait dans les convulsions et le désespoir, si l'inexpérience ou la faiblesse n'avait trompé le projet le plus habilement concerté. Du moins, les îles de France et de la Réunion s'alimentent encore des prises que nous avons faites sur nos ennemis.

Nos armées sont toujours dignes de leur réputation. Avec la même valeur et la même discipline, elles ont acquis cette patience qui attend, sans murmurer, les occasions, et se confie à la prudence et aux desseins du chef qui les conduit. Nos soldats, nos officiers, apprennent à maîtriser l'élément qui les sépare de cette île, objet de tous leurs ressentimens; leur audace et leur adresse étonnent les marins les plus vieux et les plus expérimentés.

Nos flottes, dans des manœuvres continuelles, préludent aux combats; et tandis que celles de nos ennemis s'usent contre les vents et les tempêtes, les nôtres apprennent à lutter contre elles, sans se détruire.

Enfin, depuis la guerre, nous avons gagné le Hanovre. Nous sommes plus en état que jamais de porter des coups décisifs à nos ennemis. Notre marine est en meilleur état qu'elle ne l'a été depuis dix ans; sur terre, notre armée plus nombreuse et mieux tenue, plus approvisionnée de tout ce qui donne la victoire, qu'elle ne l'a jamais été.

Dans le département des finances, c'est toujours la même activité dans les recettes, la même régularité dans les régies, le même ordre dans l'administration du trésor, et presque toujours la même fixité dans la valeur de la dette publique.

La guerre a nécessité des dépenses premières, des dépenses extraordinaires; mais elles ont été faites sur notre propre sol, et nous ont donné des vaisseaux, des ports, et tout ce qui est nécessaire au développement de nos forces contre nos ennemis.

Aujourd'hui, ces dépenses extraordinaires cessent; et celles qu'exige notre attitude guerrière seront dirigées désormais avec une économie que ne permettait pas l'urgence des préparatifs nécessaires à l'attaque et à la défense.

Les revenus de la couronne supporteront toutes les dépenses du sacre et du couronnement de l'EMPEREUR, et celles que demandera encore la splendeur du trône. L'éclat qui l'environne ne sera jamais une charge pour la nation.

La situation de l'Europe n'a éprouvé qu'un changement important.

L'Espagne reposait dans une neutralité que la France avait consentie, et que le cabinet britannique avait avouée; tout-à-coup ses vaisseaux ont été attaqués, et le traité d'Amiens a été violé pour elle, comme il l'avait été pour la France. Sa Majesté catholique a pris le parti que lui commandaient la dignité de son trône, la foi trahie, et l'honneur de la nation généreuse dont il dirige la destinée.

L'Empereur d'Autriche consacre à la restauration de ses finances, à la prospérité de ses provinces, aux progrès de leur commerce, le repos que lui conseillent la loyauté de son caractère et l'intérêt de ses sujets.

La République italienne, administrée et gouvernée par les mêmes principes que la France, demande, comme elle, une organisation définitive qui assure à la génération présente et aux générations futures, tous les avantages du pacte social. Uni à cette République par les devoirs qui lui sont imposés, et comme président et comme fondateur de cet État, l'EMPEREUR répondra à la confiance qu'elle lui témoigne, et assurera ses destinées et son indépendance, en servant les intérêts du peuple français, auquel aussi elle doit son existence, et en conciliant les intérêts des deux peuples amis, avec les intérêts bien entendus des puissances limitrophes. Par ces changemens que réclament la volonté d'une nation et l'intérêt de toutes, tomberont enfin d'absurdes calomnies; et la France, ayant elle-même élevé des barrières là où elle avait posé ses limites, ne sera plus accusée de vouloir les franchir.

L'Helvétie jouit en paix des bienfaits de la constitution, de la sagesse de ses citoyens et de notre alliance.

La Batavie gémit encore sous un gouvernement olygarchique, sans union dans ses vues, sans patriotisme et sans vigueur; ses colonies ont été vendues une seconde fois et livrées, sans un coup de canon, à l'Angleterre : mais cette nation a de l'énergie, des mœurs et de l'économie; il ne lui manque qu'un gouvernement ferme, patriote et éclairé.

Le roi de Prusse, dans toutes les occasions, s'est montré l'ami de la France, et l'EMPEREUR a saisi toutes celles qui se sont présentées de consolider cette heureuse harmonie.

Les électeurs et tous les membres du corps germanique entretiennent fidèlement les rapports de bienveillance et d'amitié qui les unissent à la France.

Le Danemarck suit les conseils d'une politique toujours sage, modérée et judicieuse.

L'esprit de Catherine la Grande veillera sur les conseils d'Alexandre Ier; il se souviendra que l'amitié de la France est pour lui un contre-poids nécessaire dans la balance de l'Europe; que, placé loin d'elle, il ne peut ni l'atteindre, ni troubler son repos; et que son grand intérêt est de trouver dans ses relations avec elle, un écoulement nécessaire aux productions de son Empire.

La Turquie est vacillante dans sa politique; elle suit par crainte un système que son intérêt désavoue. Puisse-t-elle ne pas apprendre, aux dépens de sa propre existence, que la crainte et l'incertitude accélèrent la chute des empires, plus funestes mille fois que les dangers et les pertes d'une guerre malheureuse.

Quels que soient les mouvemens de l'Angleterre, les destins de la France sont fixés; forte de son union, forte de ses richesses et du courage de ses défenseurs, elle cultivera fidèlement l'alliance des peuples amis, et ne saura ni mériter des ennemis, ni les craindre.

Lorsque l'Angleterre sera convaincue de l'impuissance de ses efforts pour agiter le continent;

lorsqu'elle saura qu'elle n'a qu'à perdre dans une guerre sans but comme sans motifs; lorsqu'elle sera convaincue que jamais la France n'acceptera d'autres conditions que celles d'Amiens, et ne consentira jamais à lui laisser le droit de rompre à plaisir les traités, en s'appropriant Malte, l'Angleterre alors arrivera à des sentimens pacifiques : la haine, l'envie, n'ont qu'un temps.

A PARIS, DE L'IMPRIMERIE IMPÉRIALE.
Mars 1806.

www.ingramcontent.com/pod-product-compliance
Lightning Source LLC
Chambersburg PA
CBHW060920050426
42453CB00010B/1829